L'héritage de Mme Lirriper

Charles Dickens

Writat

Cette édition parue en 2024

ISBN : 9789359942902

Publié par
Writat
email : info@writat.com

Contenu

CHAPITRE I
MME. LIRRIPER raconte comment elle a continué et est allée là-bas

Ah ! C'est agréable de se laisser tomber dans mon propre fauteuil, ma chère, même si c'est un peu palpitant de monter les escaliers au trot et de descendre les escaliers au trot, et pourquoi les escaliers de la cuisine devraient tous être des escaliers d'angle, c'est aux constructeurs de le justifier même si je ne pense pas qu'ils soient pleinement Je ne comprends pas leur métier et je ne l'ai jamais fait, sinon pourquoi la même chose et pourquoi pas plus de commodités et moins de courants d'air et aussi prendre l'habitude de poser le plâtre sur une épaisseur trop épaisse, je suis bien convaincu de ce qui retient l'humidité, et quant aux pots de cheminée, les mettre en place par deviner comme des chapeaux lors d'une fête et ne pas plus savoir quel sera leur effet sur la fumée vous bénisse que moi, sauf qu'il s'agira principalement soit de l'envoyer dans votre gorge sous une forme directe, soit de lui donner un tournez-vous avant d'y aller. Et ce que je dis en parlant de ces nouvelles cheminées métalliques de toutes sortes de formes (il y en a une rangée dans la maison d'hébergement de Miss Wozenham plus bas, de l'autre côté du chemin), c'est qu'elles ne font que transformer votre fumée en motifs artificiels. pour vous avant de l'avaler et que j'avalerais tout aussi bien la mienne nature, la saveur étant la même, sans parler de la vanité d'installer des pancartes sur le toit de votre maison pour montrer les formes sous lesquelles vous transportez votre fumée dans votre intérieur.

Être ici sous vos yeux, ma chère, dans mon propre fauteuil, dans ma propre chambre calme, dans mon propre logement numéro quatre-vingt-un, Norfolk Street Strand, Londres, situé à mi-chemin entre la City et St. James's - si quelque chose est là où il était autrefois avec ces hôtels se faisant appeler Limited mais appelés illimités par le major Jackman qui s'élèvent partout et s'élèvent en hampes où ils ne peuvent pas aller plus haut, mais mon esprit à propos de ces monstres est de me donner le visage sain d'un propriétaire ou d'une logeuse quand je sors d'un voyage et pas une plaque de laiton avec un numéro électrifié qui cliquette qui n'est pas dans la nature puisse être content de me voir et sur laquelle je ne veux pas être hissé comme de la mélasse sur les Docks et laissé là télégraphiant pour obtenir de l'aide avec les plus ingénieux instruments mais en vain - étant ici ma chère, je n'ai aucun appel pour mentionner que je suis toujours dans les logements en tant qu'entreprise dans l'espoir de mourir de la même manière et si le clergé est d'accord, j'ai en partie relu à Saint Clement's Danes et conclu dans le cimetière de Hatfield. quand je suis couché une fois de plus près de mon pauvre Lirriper, les cendres sont réduites en cendres et la poussière est réduite en poussière.

Je ne devrais pas non plus vous annoncer de nouvelles, ma chère, en vous disant que le major est toujours présent dans les salons tout autant que sur le toit de la maison, et que Jemmy est le meilleur et le plus brillant des garçons et qu'il ait jamais gardé de lui. l'histoire cruelle de sa pauvre et jolie jeune mère, Mme Edson, abandonnée au deuxième étage et mourant dans mes bras, croyant pleinement que je suis sa grand-mère née et lui orphelin, mais qu'en est-il de l'ingénierie puisqu'il y a pris goût et lui et le major fabriquant des locomotives avec des parasols, des pots de fer cassés et des bobines de coton et eux absolument déraillés et tombant sur la table et blessant les passagers presque à égalité avec les originaux, c'est vraiment tout à fait merveilleux. Et quand je dis au major : « Major, ne pouvez-vous en *aucun* cas nous communiquer une communication avec le garde ? le Major dit d'un air vexé : « Non madame, ce n'est pas à faire », et quand je dis : « Pourquoi pas ? le Major dit : "C'est entre nous qui sommes dans l'intérêt ferroviaire madame et notre ami le Très Honorable Vice-Président de la Chambre de Commerce" et si vous me croyez ma chère le Major a écrit à Jemmy à l'école pour le consulter sur la réponse que j'aurais dû avoir avant de pouvoir obtenir ne serait-ce qu'un tel degré d' insatisfaction de la part de l'homme, la raison étant que lorsque nous avons commencé avec le petit modèle et les signaux de travail, ils étaient beaux et parfaits (étant en général aussi faux que le réel) et quand je dis en riant "Quel rendez-vous dois-je occuper dans cette entreprise messieurs ?" Jemmy me serre autour du cou et me dit en dansant : « Tu seras la grand-mère du public » et par conséquent ils m'enfilent autant qu'ils veulent et je m'assois en grognant dans mon fauteuil.

Ma chère, est-ce qu'un homme adulte aussi intelligent que le Major ne peut pas donner la moitié de son cœur et de son esprit à quoi que ce soit - même à un jouet - mais doit s'y mettre sérieusement, que ce soit vrai ou non, je le fais. Je n'entreprends pas de le dire, mais Jemmy est de loin dépassé par les manières sérieuses et croyantes du major dans la gestion de la United Grand Junction Lirriper et de la Jackman Great Norfolk Parlour Line, "Car" dit mon Jemmy aux yeux pétillants quand il était baptisé, "nous devons avoir toute une bouchée du nom de Gran ou de notre cher vieux Public" et là le jeune coquin m'a embrassé, "ne se découragera pas". Ainsi, le public a pris les actions – dix à neuf pence, et immédiatement quand cela a été dépensé douze de préférence à un et six pence – et elles ont toutes été signées par Jemmy et contresignées par le major, et entre nous valaient bien mieux que certaines actions que j'ai. payé à mon époque. Durant les mêmes vacances, la ligne était construite, fonctionnait, ouvrait et effectuait des excursions, et il y avait des collisions et des explosions de chaudières, ainsi que toutes sortes d'accidents et de délits, tous les plus réguliers, corrects et jolis. Le sens des responsabilités qu'entretient le major en tant que chef de gare à la manière militaire, ma chère, démarrant le train en retard et sonnant une de ces petites cloches qu'on achète avec les petits seaux à charbon du plateau autour du cou de l'homme dans la rue. lui a fait honneur , mais remarquer le major d'une nuit où il rédige son rapport mensuel à Jemmy à l'école sur l'état du matériel roulant et de la voie permanente et tout le reste (le tout conservé sur le buffet du major et épousseté avec ses propres mains chaque matin avant de vernir ses bottes) je le remarque aussi plein de réflexion et de soin que possible et fronçant les sourcils d'une manière craintive, mais en effet le Major ne fait rien à moitié comme en témoigne son grand plaisir à sortir enquêter avec Jemmy quand il est accompagné de Jemmy , portant une chaîne et un ruban à mesurer et conduisant je ne sais quelles améliorations à travers l'abbaye de Westminster et croyant pleinement que les rues bouleversaient tout par une loi du Parlement. Comme s'il vous plaît, le paradis se réalisera lorsque Jemmy en fera sa profession !

Mentionner mon pauvre Lirriper me fait penser à son propre plus jeune frère, le Docteur, bien que Docteur de ce que je suis sûr qu'il serait difficile de dire à moins d'alcool, car ni la Physique, ni la Musique, ni encore la Loi, Joshua Lirriper ne connaît rien, sauf d'être continuellement convoqué. du tribunal de comté et ayant reçu des ordres dont il s'est enfui, et une fois a été arrêté dans le passage de cette même maison avec un parapluie levé et le chapeau du major, donnant son nom avec le paillasson autour de lui comme Sir Johnson Jones , KCB en lunettes résidant aux Horse Guards. A cette occasion, il était entré dans la maison pas une minute auparavant, grâce à la jeune fille qui l'avait laissé monter sur la natte quand il avait envoyé un morceau de papier tordu qui ressemblait plus à un de ces renversements pour allumer des bougies qu'à un mot, m'offrant le choix entre trente shillings en main et son cerveau sur place marqué comme étant immédiat et attendant une réponse. Ma chère, cela m'a donné une tournure si épouvantable de penser au cerveau de la chair et du sang de mon pauvre cher Lirriper volant autour de la nouvelle toile cirée, même s'il était indigne d'être ainsi aidé, que je suis sorti de ma chambre ici pour lui demander ce qu'il prendrait. une fois pour toutes ne pas le faire à vie lorsque je le trouvai sous la garde de deux messieurs que j'aurais jugés être dans le commerce des couettes s'ils n'avaient pas annoncé la loi, tant leur apparence personnelle était duveteuse. « Apportez vos chaînes, monsieur », dit Josué au plus petit des deux au plus grand chapeau, « rivetez mes chaînes ! » Imaginez mes sentiments lorsque je l' ai imaginé claquant dans Norfolk Street avec des fers et Miss Wozenham regardant par la fenêtre ! "Messieurs", dis- je tout tremblant et prêt à laisser tomber "s'il vous plaît, emmenez-le dans les appartements du major Jackman." Alors ils l'ont amené dans les salons , et lorsque le major aperçoit sur lui son propre chapeau à bords bouclés que Joshua Lirriper avait arraché de sa pince dans le passage pour un déguisement militaire, il entre dans une passion si déchirante qu'il le fait tomber de sa tête. avec sa main et il le propulse du pied jusqu'au plafond où il frôla longtemps après. "Major", dis- je, "soyez cool et dites-moi quoi faire de Joshua, mon propre frère cadet de

Lirriper, mort et disparu." "Madame", dit le major, "mon conseil est que vous le logiez dans un moulin à poudre, avec une belle gratification au propriétaire en cas d'explosion." « Majeur », dis-je, « en tant que chrétien, vous ne pouvez pas penser vos paroles ». « Madame » dit le major « par le Seigneur, je le fais ! » et en effet, le major, en plus d'être, avec tous ses mérites, un homme très passionné pour sa taille, avait une mauvaise opinion de Josué à cause de ses ennuis antérieurs, même sans prendre de libertés avec ses vêtements. Lorsque Joshua Lirriper entend cette conversation entre nous, il se tourne vers le plus petit avec le plus grand chapeau et lui dit : « Venez monsieur ! Emmenez-moi dans mon ignoble donjon. Où est ma paille moisie ? Ma chère, à l' image de lui surgissant dans mon esprit, habillé presque entièrement de cadenas comme le baron Trenck dans le livre de Jemmy , j'étais tellement bouleversée que j'ai fondu en larmes et j'ai dit au major : « Major, prends mes clés et installe-toi avec ces messieurs ou je je ne connaîtrai plus jamais une minute heureuse », ce qui a été fait plusieurs fois avant et depuis, mais je dois quand même me rappeler que Joshua Lirriper a ses bons sentiments et les montre en étant toujours si troublé dans son esprit quand il ne peut pas porter le deuil de son frère. . De nombreuses années j'ai laissé de côté le deuil de ma veuve sans vouloir m'immiscer, mais le point sensible chez Josué auquel je ne peux m'empêcher de céder un peu est lorsqu'il écrit : « Un seul souverain me permettrait de porter un costume de deuil décent pour mon frère bien-aimé. J'ai juré au moment de sa mort déplorée que je porterais un jour des zibelines en mémoire de lui mais hélas comme l'homme est myope, comment tenir ce vœu quand on est sans le sou ! Cela en dit long sur la force de ses sentiments qu'il ne pouvait pas avoir sept ans lorsque mon pauvre Lirriper est mort et le fait qu'il ait gardé cet âge depuis lors est hautement honorable. Mais nous savons qu'il y a du bon en chacun de nous, si seulement nous savions où il se trouve chez certains d'entre nous, et même s'il était loin d'être délicat pour Joshua de travailler sur les sentiments du cher enfant lorsqu'il fut envoyé pour la première fois à l'école et d'écrire dans le Lincolnshire pour son argent de poche par retour du courrier et je l'ai obtenu, il est néanmoins le plus jeune frère de mon pauvre Lirriper et il n'aurait peut-être pas eu l'intention de ne pas payer sa facture au Salisbury Arms lorsque son affection l'a amené à rester quinze jours au cimetière de Hatfield et J'aurais peut-être voulu rester sobre mais en mauvaise compagnie. Par conséquent, si le major *s'était* joué de lui avec la machine de jardin qu'il avait introduite en privé dans sa chambre à mon insu, je pense que, autant j'aurais dû le regretter, il y aurait eu des paroles entre le major et moi. Par conséquent, ma chère, bien qu'il ait joué sur M. Buffle par erreur en étant brûlant dans sa tête, et bien que cela ait pu être déformé chez Wozenham en disant qu'il n'était pas prêt pour M. Buffle à d'autres égards, étant donné qu'il était les impôts fixés, je ne le fais toujours pas. je le regrette beaucoup, comme je devrais peut-être. Et je ne peux pas dire si Joshua Lirriper réussira encore dans la vie, mais j'ai entendu parler de sa venue, dans un théâtre privé dans le personnage d'un bandit, sans recevoir ensuite aucune offre des directeurs habituels.

Mentionner M. Baffle donne un exemple de bonnes personnes chez lesquelles on ne s'attend pas à du bien, car on ne peut nier que les manières de M. Buffle lorsqu'il s'occupait de ses affaires n'étaient pas agréables. Collecter est une chose, et avoir l'air méfiant à l'idée que les marchandises soient progressivement retirées en pleine nuit par une porte dérobée en est une autre. Vous n'avez aucun contrôle sur la taxation, mais soupçonner est volontaire. Il faut aussi toujours faire des concessions pour un gentleman aussi chaleureux que le major qui n'aime pas qu'on lui parle avec une plume dans la bouche, et bien que je ne sache pas s'il est plus irritable pour mes propres sentiments d'avoir un chapeau bas avec une large je peux néanmoins apprécier celui du Major, sans compter que, sans méchanceté ni vengeance, le Major est un homme qui marque ses arriérés, comme son habitude l'a toujours été avec Joshua Lirriper . Ainsi, mon cher major a finalement attendu M. Buffle , et cela m'a beaucoup inquiété . Un jour, M. Buffle donne deux coups secs et le major bondit vers la porte. "Le collecteur a réclamé deux quarts des taxes fixées", déclare M. Buffle . « Ils sont prêts à l'accueillir » dit le Major et il l'amène ici. Mais en chemin, M. Buffle regarde autour de lui avec son air suspect habituel et le major tire et lui demande : « Voyez-vous un fantôme, monsieur ? "Non monsieur" dit M. Buffle . « Parce que je vous ai déjà remarqué, » dit le Major, « apparemment à la recherche d'un spectre très dur sous le toit de mon respecté ami. Lorsque vous trouverez cet agent surnaturel, faites-le remarquer, monsieur. M. Buffle regarde le major puis me fait un signe de tête. "Mme. " Lirriper monsieur", dit le major en s'éloignant parfaitement et en me présentant avec sa main. "Plaisir de la connaître" dit M. Buffle . « A… hum ! – Jemmy Jackman monsieur ! » dit le Major en se présentant. « Honneur de vous connaître de vue » dit M. Buffle . « Jemmy Jackman, monsieur » dit le major en secouant la tête de côté dans une sorte de fureur obstinée « vous présente son amie estimée, cette dame Mme Emma Lirriper de Eighty-one Norfolk Street Strand London dans le comté de Middlesex au Royaume-Uni de Grande-Bretagne. Grande-Bretagne et Irlande. À quelle occasion, monsieur, dit le major, Jemmy Jackman vous enlève votre chapeau. M. Buffle regarde son chapeau là où le major l'a laissé tomber par terre, il le ramasse et le remet. "Monsieur" dit le Major très rouge et le regardant bien en face "il y a les deux quarts des Taxes de Galanterie à payer et le Percepteur a appelé." Sur quoi, si vous pouvez en croire mes paroles, ma chère, le major laisse tomber à nouveau le chapeau de M. Buffle . « Ceci... » M. Buffle commence très en colère avec sa plume dans la bouche, quand le major, fumant de plus en plus, dit : « Retirez-vous, monsieur ! Ou par tout le système infernal de taxation de ce pays et par chaque figure individuelle de la dette nationale, je monterai sur ton dos et te monterai comme un cheval ! ce que je crois qu'il aurait fait et même en secouant ses petites jambes soignées, prêtes pour un ressort comme c'était le cas. " Ceci, " dit M. Buffle sans son stylo, " est une agression et j'aurai la loi contre vous. " "Monsieur" répond le major "si vous êtes un homme d' honneur , votre collecteur de tout ce qui peut être dû sur l' évaluation honorable en s'adressant au major Jackman dans les salons du logement de Mme Lirriper , peut obtenir ce qu'il veut dans son intégralité à tout moment. »

Lorsque le major a regardé M. Buffle avec ces mots significatifs, ma chère, j'ai littéralement haleté pour chercher une cuillère à café de salvolatile dans un verre de vin rempli d'eau, et j'ai dit : « Je vous prie de ne pas aller plus loin, messieurs, je vous en supplie ! Mais on ne pouvait faire en sorte que le major ne fasse rien d'autre que de renifler longtemps après le départ de M. Buffle , et l'effet que cela produisit sur toute ma masse de sang lorsque le lendemain de la tournée de M. Buffle, le major se remit en état et se mit à fredonner un Accordez-vous de haut en bas de la rue avec un œil presque oblitéré par son chapeau. Il n'y a aucune expression à énoncer dans le dictionnaire Johnson. Mais j'ai mis la porte de la rue en toute sécurité sur le bocal et je me suis placé derrière les stores du major avec mon châle et ma décision a été prise dès que j'ai vu le danger de me précipiter dehors en hurlant jusqu'à ce que ma voix me manque et d'attraper le major autour du cou jusqu'à ce que mes forces disparaissent. et que toutes les parties soient liées. Je n'étais pas derrière les stores depuis un quart d'heure lorsque j'ai vu M. Buffle s'approcher avec ses livres de collection à la main. Le major le vit également approcher, fredonna plus fort et s'approcha lui-même. Ils se sont rencontrés devant les grilles d'Airy. Le Major enlève son chapeau à bout de bras et dit : « M. Buffle, je crois ? M. Buffle enlève *son* chapeau à bout de bras et dit : « C'est mon nom, monsieur. Dit le Major "Avez-vous des commandes pour moi, M. Buffle ?" Dit M. Buffle "Pas n'importe quel monsieur." Ensuite, mon cher, ils s'inclinèrent tous les deux très bas et hautains et se séparèrent, et chaque fois que M. Buffle ferait sa ronde à l'avenir, lui et le major se rencontraient toujours et s'inclinaient devant les grilles d'Airy, me faisant beaucoup penser à Hamlet et à l'autre monsieur dans pleurer avant de s'entre-tuer, même si j'aurais pu souhaiter que l'autre monsieur le fasse plus juste et même s'il était moins poli, pas de poison.

M. Buffle n'était pas appréciée dans ce quartier , car lorsque vous êtes un chef de famille, ma chère, vous constaterez que cela ne vient pas par nature d'aimer les évalués, et on a considéré en outre qu'un pheayton à un cheval n'aurait pas dû élever Mme Buffle à cette hauteur, surtout lorsqu'elle a été volée aux impôts, ce que je considérais moi-même comme peu charitable. Mais ils *n'étaient pas* appréciés et il y avait ce malheur domestique dans la famille en raison du fait qu'ils étaient tous les deux très durs avec Miss Buffle et l'un envers l'autre à cause du comportement de Miss Buffle. favorable au

jeune gentleman en stage de M. Buffle , qu'il *avait été* murmuré que Miss
Buffle irait soit dans une phtisie, soit dans un couvent, étant donné qu'elle
était très maigre et en manque d'appétit et que deux messieurs rasés de près
avec des bandes blanches autour du cou regardaient au coin de la rue à
chaque fois. elle sortait avec des gilets qui ressemblaient à des tabliers noirs.
Les choses en étaient ainsi à l'égard de M. Buffle lorsqu'une nuit, je fus
réveillé par un bruit effrayant et une odeur de brûlé, et en me dirigeant vers
la fenêtre de ma chambre, je vis toute la rue briller. Heureusement, nous
avions à ce moment-là deux ensembles vides et avant que je puisse me
dépêcher d'enfiler quelques vêtements, j'entendis le major frapper aux portes
des greniers et crier : « Habillez -vous ! — Au feu ! N'ayez pas peur ! — Feu
! Récupérez votre présence d' esprit ! — Feu ! Très bien, feu ! » le plus
terriblement . Alors que j'ouvrais la porte de ma chambre, le major s'est
précipité sur lui et moi et m'a pris dans ses bras. "Major", dis-je à bout de
souffle, "où est-il ?" « Je ne sais pas, très chère madame », dit le major . « Feu
! Jemmy Jackman vous défendra jusqu'à la dernière goutte de son sang : feu !
Si le cher garçon était à la maison, quel plaisir ce serait pour lui : le feu ! » et
dans l'ensemble très calme et audacieux, sauf qu'il ne pouvait pas dire une
seule phrase sans me secouer en plein centre avec un Feu rugissant. Nous
avons couru au salon et avons mis la tête par la fenêtre, et le major appelle
un jeune singe insensible, qui court en courant, joyeux et prêt à se séparer.
"Où est- il ? — Feu !" Le singe répond sans s'arrêter « Oh, voilà une alouette
! Le vieux Buffle a mis le feu à sa maison pour éviter qu'on découvre qu'il a
désossé les impôts. Hourra! Feu!" Et puis les étincelles ont jailli et la fumée
est tombée et le crépitement des flammes et les éclaboussures d'eau et le
claquement des moteurs et le piratage des haches et le bris de verre et les
coups aux portes et les cris et les pleurs et la hâte et la chaleur et tout cela.
m'a donné d'affreuses palpitations. « N'ayez pas peur, chère madame, dit le
major,... Feu ! Il n'y a pas de quoi s'alarmer : le feu ! N'ouvrez pas la porte de
la rue avant mon retour. Feu ! Je vais aller voir si je peux vous être utile. Feu
! Tu es plutôt calme et à l'aise, n'est-ce pas vous ? — Feu, Feu, Feu ! C'était
en vain que je tenais l'homme dans mes bras et lui disais qu'il serait mort au
galop par les moteurs, pompé à mort par ses efforts excessifs, les pieds
mouillés à mort par la boue et le désordre, aplati à mort lorsque les toits se
briseraient. Je suis tombé dedans - son moral était bon et il est parti courir
après le jeune singe avec tout son souffle et aucun à perdre, et moi et les filles
nous sommes blottis les uns contre les autres aux fenêtres du salon en
regardant les terribles flammes au-dessus des maisons de l'autre côté du
chemin, M. Buffle arrive au coin de la rue. Que devrions-nous voir
maintenant, sinon des gens courant dans la rue directement jusqu'à notre
porte, puis le major dirigeant les opérations de la manière la plus occupée,
puis quelques autres personnes et puis - transporté dans une chaise semblable
à Guy Fawkes - M. Bufflez-vous dans une couverture !

Mon cher major a demandé à M. Buffle de monter nos marches et de l'emmener dans le salon et de le transporter sur le canapé , puis lui et tous les autres sans même un mot ont éclaté à nouveau à toute vitesse, laissant l'impression d'une vision. à l'exception de M. Buffle affreux dans sa couverture, les yeux roulants. En un clin d'œil, ils repartirent tous avec Mme Buffle dans une autre couverture, qui entra et fut transportée sur le canapé. Ils repartirent tous et tous revinrent avec Miss Buffle dans une autre couverture, qui entra et sortit à nouveau. tous repartirent et tous repartirent avec le jeune gentleman en stage de M. Buffle dans une autre couverture, le tenant autour du cou de deux hommes le portant par les jambes, semblable à l' image de la créature honteuse qui a perdu le combat (mais où est la chaise, je ne sais pas) et ses cheveux ayant l'air d'avoir été récemment joués. Lorsque tous les quatre se rangent, le major se frotte les mains et me murmure avec le peu d'enrouement qu'il peut avoir ensemble : « Si seulement notre cher et remarquable garçon était à la maison, quel plaisir ce serait pour lui !

Ma chère, nous leur avons préparé du thé chaud, des toasts et du cognac chaud et de l'eau avec un peu de muscade confortable dedans, et au début ils avaient peur et étaient déprimés, mais étant pleinement assurés, ils sont devenus sociables. Et le premier usage que M. Buffle fit de sa langue fut d'appeler le Major son Conservateur et ses meilleurs amis et de dire "Mon très cher monsieur, laissez-moi vous faire connaître à Mme Buffle ", ce qui l'adressait également comme son Conservateur et ses meilleurs amis et était aussi cordiale que la couverture le permettait. Et aussi Miss Buffle . La tête du jeune homme en stage était un peu légère et il gémissait "Robina est réduite en cendres, Robina est réduite en cendres!" Ce qui lui toucha davantage le cœur car il s'était enveloppé dans sa couverture comme s'il regardait hors d'un étui de violoncelle , jusqu'à ce que M. Buffle dise "Robina, parle-lui !" Miss Buffle dit "Cher George!" et sans le fait que le major avait versé de l'eau-de-vie à l'instant même, ce qui lui avait causé un serrement de gorge dû à la muscade et une violente quinte de toux, cela aurait pu s'avérer trop pour ses forces. Lorsque le jeune homme en stage eut raison, M. Buffle s'appuya contre Mme Buffle qui était deux paquets, un moment en toute confiance, puis dit avec des larmes dans les yeux que le major remarqua essuya : « Nous n'avons pas été unis. famille, après que ce danger soit devenu tel, emmenons-lui George. Le jeune monsieur ne pouvait pas tendre beaucoup le bras pour le faire, mais ses expressions parlées étaient très belles bien que d'une classe errante. Et je ne sais pas si j'ai jamais eu un repas beaucoup plus agréable que le petit-déjeuner que nous prenions ensemble après que nous nous soyons tous endormis, lorsque Miss Buffle préparait du thé très doux dans un style tout à fait romain tel que représenté autrefois au Covent Garden Theatre et lorsque toute la famille était très agréables, comme ils l'ont toujours prouvé depuis cette nuit où le major se tenait au pied de l'escalier de secours et les réclamait alors qu'ils descendaient — le jeune gentleman tête en avant, ce qui explique. Et même si je ne dis pas que nous serions moins susceptibles de penser du mal les uns des autres si nous nous limitions strictement aux couvertures, je dis néanmoins que nous pourrions, pour la plupart d'entre nous, parvenir à une meilleure compréhension si nous nous tenions moins à distance.

Pourquoi il y a Wozenham's plus bas, de l'autre côté de la rue. J'ai éprouvé pendant plusieurs années un sentiment de grande douleur à l'égard de ce que je dois toujours appeler la sous-enchère systématique de Miss Wozenham et l'image de la maison de Bradshaw ayant beaucoup trop de fenêtres et un chêne des plus ombrageux et scandaleux qui n'a encore jamais été vu dans Norfolk Street ni encore une voiture et quatre à la porte de Wozenham , ce qui aurait été bien plus à l'honneur de Bradshaw de tirer un fiacre. Cet état d'esprit est resté amer jusqu'à l'après-midi même du mois de janvier dernier, lorsqu'une de mes filles, Sally Rairyganoo , que je soupçonne toujours d'origine irlandaise bien que sa famille, représentait Cambridge, sinon pourquoi s'enfuir avec un maçon de conviction Limerick et se marier en motifs non attendant que son œil au beurre noir soit décemment guéri avec toute la compagnie au nombre de quatorze et un cheval combattant dehors sur le toit du véhicule, - je répète ma chère, mon état d'esprit mal réglé envers Miss Wozenham s'est poursuivi jusqu'à l'après-midi même de En janvier dernier, quand Sally Rairyganoo est arrivée en trombe (je ne peux pas utiliser d'expression plus douce) dans ma chambre avec un sursaut qui peut être Cambridge ou non, et a dit « Hurroo Missis ! Miss Wozenham est vendue ! » Ma chérie, quand on m'a lancé au visage et à la conscience que la fille Sally avait des raisons de penser que je pouvais me réjouir de la ruine d'un camarade de classe , j'ai fondu en larmes et je me suis laissé tomber sur ma chaise et j'ai dit : « J'ai honte. de moi-même!"

Bien! J'ai essayé de m'installer autour de mon thé mais je n'y suis pas parvenu en pensant à Miss Wozenham et à ses détresses. C'était une nuit misérable et je me suis approché d'une fenêtre d'entrée et j'ai regardé chez Wozenham et, même si je pouvais le distinguer dans la rue dans le brouillard, c'était le plus petit des lugubres et pas une lumière visible. Alors finalement, je me dis : « Cela ne suffira pas », et j'enfile mon plus vieux bonnet et mon châle, ne souhaitant pas qu'on rappelle à Miss Wozenham le meilleur de moi-même à un tel moment, et voilà, je vais chez Wozenham et je frappe. . "Miss Wozenham à la maison?" Dis-je en tournant la tête quand j'entendis la porte s'ouvrir. Et puis j'ai vu que c'était Miss Wozenham elle-même qui l'avait ouvert et tristement portée, elle était une pauvre chose et ses yeux étaient tous gonflés et gonflés de pleurs. « Miss Wozenham » dis-je « cela fait plusieurs années qu'il y a eu un petit désaccord entre nous au sujet de la casquette de mon petit-fils qui était dans votre Airy. Je l'ai négligé et j'espère que vous avez fait de même. "Oui, Mme Lirriper ", dit-elle surprise, "je l'ai fait." "Alors ma chère", dis-je, "je serais heureux d'entrer et de te dire un mot." Lorsque je l'appelle, ma chère Miss Wozenham éclate en pleurs des plus pitoyables et une personne âgée non insensible qui aurait pu être mieux rasée avec un dernier verre avec un chapeau dessus, offrant des excuses polies pour les oreillons qui se sont introduits dans sa constitution, et aussi pour avoir envoyé à sa femme le soufflet qui lui servait de bureau, regarde hors du salon et dit: "La dame veut un mot de réconfort" et rentre. J'ai donc pu dire tout naturellement : « Elle veut un mot de réconfort, n'est-ce pas, monsieur ? Alors s'il vous plaît, les cochons, elle l'aura ! Et Miss Wozenham et moi, nous entrons dans la pièce de devant avec une lumière misérable qui semblait avoir pleuré aussi et qui bafouillait, et je dis "Maintenant, ma chérie, dis-moi tout", et elle se tord les mains et dit "Ô Madame". ... Lirriper , cet homme est en possession ici, et je n'ai pas un ami au monde qui puisse m'aider avec un shilling.

Cela ne signifie pas du tout ce qu'un vieux bavard comme moi a dit à Miss Wozenham quand elle a dit cela, et je vais donc vous dire à la place, ma chère, que j'aurais donné trente shillings pour l'emmener prendre le thé, seulement Je n'ai pas osé à cause du major. Non, vous voyez, mais ce que je savais, c'est que je pourrais tirer le Major comme un fil et l'enrouler autour de mon doigt sur la plupart des sujets et peut-être même sur cela si je m'y mettais, mais lui et moi avions si souvent démenti Miss Wozenham sur un point. un autre que j'avais honte, et je savais qu'elle avait offensé sa fierté et jamais la mienne, et de même, je me sentais timide à l'idée que cette fille Rairyganoo puisse rendre les choses gênantes. Alors je dis: "Ma chérie, si tu pouvais me donner une tasse de thé pour me débarrasser de ma confusion, je comprendrais mieux tes affaires." Et nous avons pris le thé et les affaires aussi et après tout, ce n'était que quarante livres , et... Voilà ! elle est une créature aussi travailleuse et honnête que jamais et elle en a déjà remboursé la moitié, et à quoi bon en dire plus, surtout quand ce n'est pas le but ? Car le fait est que lorsqu'elle m'embrassait les mains et les tenait dans les siennes et les embrassait à nouveau et bénissait , bénissait bénédiction , j'ai enfin repris courage et je dis "Pourquoi quelle vieille oie dandinante j'ai été ma chère pour te prendre pour quelque chose de si très différent!" "Ah mais moi aussi" dit-elle "comment *je me* suis trompée !" "Viens pour l'amour de Dieu, dis-moi" dis- je "qu'est-ce que tu as pensé de moi?" "O" dit-elle "Je pensais que tu n'avais aucun sentiment pour une vie aussi dure au corps à corps que la mienne et que tu roulais dans la richesse." Je dis en secouant mes côtés (et je suis très heureux de le faire car j'ai été étouffé assez longtemps) "Regarde seulement ma silhouette ma chérie et donne-moi ton avis si si j'étais riche, je serais susceptible d'y rouler ? " » C'est ça qui l'a fait ? Nous étions aussi joyeux que des grigs (quoi qu'ils *soient* , si vous connaissez ma chère, ce n'est pas *mon* cas) et je suis rentré chez moi dans ma maison bénie aussi heureux et reconnaissant que possible. Mais avant d'en finir, pensez même à avoir mal compris le Major ! Oui! La matinée suivante, le major est entré dans ma petite chambre avec son chapeau brossé à la main et il a commencé : « Ma très chère madame… » puis a mis son visage dans son chapeau comme s'il venait d'entrer à l'église. Alors que j'étais assis dans un labyrinthe, il sortit de son chapeau et recommença. «Mon ami estimé et bien-aimé…» puis il remit son chapeau. "Major", m'écrie -je effrayé, "est-il arrivé quelque chose à notre garçon chéri ?" "Non, non, non", dit le major, "mais Miss Wozenham est venue ici ce matin pour me présenter ses excuses, et par Dieu, je ne peux pas me remettre de ce qu'elle m'a dit." « Hoity toity, Major », dis-je, « vous ne savez pas encore que j'avais peur de vous la nuit dernière et que je n'avais pas une aussi bonne opinion de vous que je le devrais ! Alors sortez de l'église, major, et pardonnez-moi comme un vieil ami et je ne le ferai plus jamais. Et je vous laisse juger, ma chère, si je l'ai déjà fait ou si je le ferai. Et comme il est émouvant de penser à Miss Wozenham, avec ses petits revenus et ses pertes, faisant tant pour son pauvre vieux père, et gardant un frère qui avait eu le malheur d'adoucir son cerveau face aux dures mathématiques, aussi soigné qu'une épingle neuve dans le trois dos représentés aux locataires comme un débarras et consommant une épaule entière de mouton chaque fois qu'elle est fournie !

Et maintenant, ma chère, je vais vraiment vous parler de mon héritage si vous êtes enclin à me favoriser de votre attention, et j'avais bien l'intention d'y venir directement, une seule chose en amène une autre. C'était au mois de juin et la veille du jour de la Saint-Jean lorsque ma fille Winifred Madgers - elle était ce qu'on appelle une sœur de Plymouth, et le frère de Plymouth qui l'a éliminée avait tout à fait raison, car une jeune femme plus soignée pour épouse n'est jamais venue. dans une maison et a ensuite appelé avec les plus belles Plymouth Twins - c'était la veille du jour de la Saint-Jean lorsque Winifred Madgers vient et me dit "Un gentleman du consul souhaite particulièrement parler à Mme Lirriper ." Si tu me crois ma chère, les Consols à la banque où j'ai une petite affaire pour Jemmy me sont venus à l'esprit, et je dis "Mon Dieu, j'espère qu'il n'a pas fait de terrible chute !" Winifred dit: "Il n'a pas l'air d'avoir madame." Et je dis « Faites-lui entrer. »

Le monsieur est arrivé sombre et avec ses cheveux coupés ce que je devrais considérer comme trop serrés, et il dit très poliment "Madame Lirrwiper !" Je dis : « Oui monsieur. Prends une chaise. « Je viens, dit il, de la part du consul français . J'ai donc tout de suite compris que ce n'était pas la Banque d'Angleterre. « Nous avons reçu , dit le monsieur en tournant ses r très curieux et très habiles , de la mairie de Sens, une communication que j'aurai l' honneur de lire . Madame Lirrwiper comprend Frrwench ? "Oh mon Dieu, non monsieur!" dis-je. Madame Lirriper n'y comprend rien. "Cela n'a pas d'importance", dit le monsieur, "je vais le traduire ."

Sur ce, mon cher monsieur, après avoir lu quelque chose sur un département et une Marie (que Dieu me pardonne, j'ai supposé jusqu'à ce que le major rentre à la maison, c'était Mary, et je n'ai jamais été plus perplexe que de penser comment cette jeune femme en est arrivée à avoir autant de choses à faire). avec lui) traduisit beaucoup de choses avec les peines les plus obligeantes, et il arriva à ceci : — Que dans la ville de Sons en France un Anglais inconnu reposait un mourant. Qu'il était sans voix et sans mouvement. Que dans son logement il y avait une montre en or et une bourse contenant tel ou tel argent et une malle contenant tel ou tel vêtement, mais pas de passeport et pas de papiers, sauf que sur sa table il y avait un jeu de cartes et qu'il avait écrit au crayon au dos de l'as de cœur : « Aux autorités. Quand je serai mort, priez pour envoyer ce qui reste, comme dernier héritage, à Mme Lirriper Eighty-one Norfolk Street Strand London. Lorsque le monsieur eut expliqué tout cela, qui semblait rédigé beaucoup plus méthodiquement que je n'aurais dû le croire aux Français, ne connaissant pas alors la nation, il me remit le document entre les mains. Et j'en étais bien plus sage, vous pouvez en être sûr, sauf que cela avait l'air d'être fait sur du papier d'épicerie et était partout estampillé d'aigles.

« Madame Lirrwiper , dit le monsieur, croit-elle reconnaître son malheureux compagnon ?

Vous imaginez peut-être à quel point cela m'a mis dans l'ambiance, ma chère, de pouvoir parler de mes compatriotes.

Je dis « Excusez-moi. Auriez-vous la gentillesse, monsieur, de rendre votre langage aussi simple que possible ?

« Cet Anglais malheureux, à l'article de la mort. Ce compatrrwiot affligé », dit le monsieur.

"Merci monsieur " dis-je "Je vous comprends maintenant. Non, monsieur, je n'ai pas la moindre idée de qui cela peut être.

"Madame Lirrwiper n'a-t-elle ni fils, ni neveu, ni filleul, ni ami , ni connaissance d'aucune sorte en France ?"

« À ma connaissance, » dis-je, « aucun parent ou ami, et à ma connaissance aucune connaissance ».

"Excusez-moi. Vous prenez des Locataires ? dit le monsieur.

Ma chère, croyant pleinement qu'il m'offrait quelque chose avec ses manières étrangères obligeantes, — du tabac pour tout ce que je savais, — j'ai légèrement penché la tête et je dis si vous le croyez : « Non, je vous remercie. Je n'ai pas contracté cette habitude.

Le monsieur a l'air perplexe et dit « Locataires !

"Oh!" dis-je en riant. « Bénis cet homme ! Pourquoi oui, bien sûr !

« Ne serait-ce pas un ancien locataire ? dit le monsieur. « Un locataire à qui vous avez gracié certains qui sont partis ? Vous avez gracié certains locataires ?

"Ourlet! C'est arrivé, monsieur, dis-je, mais je vous assure que je ne me souviens d'aucun gentleman de cette description que cela soit susceptible de se produire.

Bref , ma chère, nous n'y avons rien pu faire, et monsieur a noté ce que j'ai dit et s'est éloigné. Mais il m'a laissé le papier dont il en avait deux avec lui, et quand le major est entré, je dis au major en le mettant dans sa main : « Major, voici l'Almanach du vieux Moore avec les hiéroglyphes complets, pour votre avis.

La lecture a pris au major un peu plus de temps que je n'aurais dû le penser, à en juger par le débit abondant avec lequel il semblait être doué lorsqu'il attaquait les hommes d'orgue, mais il a finalement réussi à s'en sortir et m'a regardé avec étonnement. .

"Major", je dis "vous êtes paralysé ".

"Madame", dit le major, " Jemmy Jackman est doublé."

Il se trouve que le major était sorti pour obtenir quelques renseignements sur les chemins de fer et les bateaux à vapeur, car notre garçon revenait à la maison le lendemain pour ses vacances d'été et nous allions l'emmener quelque part pour se faire plaisir et changer. Ainsi , pendant que le major regardait, il m'est venu à l'esprit de lui dire : « Major, j'aimerais que vous alliez consulter certains de vos livres et cartes, et voyez où se trouve cette même ville de Sens en France.

Le major s'est réveillé et il est entré dans les salons et il a fouiné un peu, et il est revenu vers moi et il a dit : "Sens, ma très chère madame est à environ soixante-dix milles au sud de Paris."

Avec ce que je peux vraiment appeler un effort désespéré « majeur », je dis : « nous y irons avec notre garçon béni ».

Si jamais le major était hors de lui, c'était à l'idée de ce voyage. Toute la journée, il était comme l'homme sauvage des bois après avoir rencontré une annonce dans les journaux lui disant quelque chose à son avantage, et tôt le lendemain matin, avant que Jemmy puisse éventuellement rentrer à la maison, il était dehors dans la rue, prêt à l'appeler. que nous allions tous en France. Vous pensez peut-être que les jeunes Rosycheeks étaient aussi sauvages que le major, et ils ont continué à tel point que je leur ai dit : « Si vous deux enfants n'êtes pas plus ordonnés, je vous emmènerai tous les deux au lit. Et puis ils se sont mis à nettoyer le télescope du major pour voir la France, et sont sortis acheter un sac en cuir avec un bouton-pression pour accrocher Jemmy , et lui pour porter l'argent comme un petit Fortunatus avec son sac à main.

Si je n'avais pas tenu parole et suscité leurs espoirs, je doute que j'aurais pu mener à bien mon entreprise, mais il était trop tard pour revenir en arrière maintenant. Ainsi, le deuxième jour après la Saint-Jean , nous partîmes prendre le courrier du matin. Et quand nous arrivâmes à la mer que je n'avais jamais vue qu'une seule fois dans ma vie et que mon pauvre Lirriper me faisait la cour, sa fraîcheur, sa profondeur et sa légèreté, et penser qu'elle roulait depuis lors et qu'elle C'était toujours un roulement et si peu d'entre nous s'en souciaient, je me sentais très sérieux. Mais je me sentais heureux aussi, tout comme Jemmy et le Major, et pas beaucoup de mouvement dans l'ensemble, même si j'avais la tête qui nageait et m'enfonçais, mais je pouvais remarquer que les intérieurs étrangers semblaient être construits plus creux que les Anglais, ce qui conduisait à des bruits bien plus terribles quand de mauvais marins.

Mais ma chère, le bleu, la légèreté et l' aspect coloré de tout, et les guérites rayées, les tambours brillants et les petits soldats avec leur taille et leurs guêtres bien rangées, lorsque nous sommes arrivés sur le continent, cela m'a fait sentir comme si je ne sais quoi – comme si l'atmosphère s'était dissipée de moi. Et quant au déjeuner, pourquoi vous bénir si j'avais un cuisinier et deux femmes de cuisine, je ne pourrais pas le faire pour deux fois plus d'argent, et aucune jeune femme blessée ne vous regarderait et ne vous en voudrait et ne reconnaîtrait votre patronage en souhaitant que votre nourriture pourrait vous étouffer, mais si courtoise et si chaude et attentive et tout à fait confortable, sauf que Jemmy se verse du vin dans la gorge avec des gobelets pleins et que je m'attends à le voir tomber sous la table.

Et la façon dont Jemmy parlait français était un vrai charme. On le voulait souvent de sa part, car chaque fois que quelqu'un me disait une syllabe, je dis : « Non- comprenny , tu es très gentil, mais ça ne sert à rien – Maintenant, Jemmy ! et puis Jemmy , il leur tire dessus, adorable, la seule chose qui manquait dans le français de Jemmy étant qu'il me semblait qu'il ne comprenait presque jamais un mot de ce qu'ils lui disaient, ce qui ne le rendait guère utile. à d'autres égards, c'était un parfait indigène, et en ce qui concerne la maîtrise du major, j'aurais été d'avis, en jugeant le français par l'anglais, qu'il aurait pu y avoir un plus grand choix de mots dans cette langue, même si je dois quand même admettre que si je ne l'avais pas connu quand il J'ai demandé à un militaire en manteau gris quelle heure il était. J'aurais dû le prendre pour un Français de naissance.

Avant de nous occuper de mon héritage, nous devions faire une journée régulière à Paris, et je vous laisse juger ma chère quelle journée *cela* a été avec Jemmy et le major et le télescope et moi et le jeune homme qui rôdait à la porte de l'auberge. (mais très civil aussi) qui nous a accompagné pour montrer les sites touristiques. Tout au long du chemin de fer jusqu'à Paris, Jemmy et le Major m'avaient fait mourir de peur en se baissant sur les quais des gares pour inspecter les machines sous leurs estomacs mécaniques, et en entrant et sortant je ne sais où, pour trouver des améliorations. pour le salon United Grand Junction , mais lorsque nous sommes sortis dans les rues brillantes par un beau matin, ils ont abandonné toutes leurs améliorations à Londres comme un mauvais travail et ont consacré leur esprit à Paris. Le jeune homme qui rôde me dit : « Vais-je parler Inglis Non ? Alors je dis "Si tu peux, jeune homme, je le prendrai comme une faveur ", mais après une demi-heure, alors que je croyais pleinement que l'homme était devenu fou et moi aussi, je dis "Ayez la bonté de vous rabattre sur votre Monsieur français », sachant qu'alors je ne devrais pas avoir l'angoisse d'essayer de le comprendre, ce qui était une heureuse libération. Non pas que j'aie perdu beaucoup plus que les autres non plus, car je remarquais généralement cela quand il avait décrit quelque chose en effet très long et que je disais à Jemmy "Que dit-il Jemmy ?" Jemmy dit en le regardant avec vengeance dans les yeux. "Il est tellement indistinct!" et cela quand il l'a encore décrit plus longtemps et que je dis à Jemmy "Eh bien, Jemmy, de quoi s'agit-il?" Jemmy dit "Il dit que le bâtiment a été réparé en mille sept cent quatre, Gran."

Je ne peux pas m'attendre à ce que je sache où ce jeune homme rôdeur a pris ses habitudes de rôdeur, mais la façon dont il tournait au coin de la rue pendant que nous prenions notre petit-déjeuner et était là de nouveau lorsque nous avalions la dernière miette était des plus merveilleuses , et tout de même à le dîner et la nuit, rôdant également au théâtre, à l'entrée de l'auberge et aux portes des magasins lorsque nous achetions une bagatelle ou deux et partout ailleurs, mais troublé par une tendance à cracher. Et de Paris, je ne peux rien vous dire de plus, ma chère, que c'est à la fois une ville et une campagne, des pierres sculptées et de longues rues de hautes maisons et de jardins et de fontaines et de statues et d'arbres et d'or, et d'immensément grands soldats et d'immenses petits soldats et les infirmières les plus agréables avec les casquettes les plus blanches jouaient à la corde à sauter avec les bébés les plus gros dans les casquettes les plus plates, et des nappes propres étalées partout pour le dîner et des gens assis dehors fumant et sirotant toute la journée et de petites pièces de théâtre jouées dans le un plein air pour les petits gens et chaque magasin une pièce complète et élégante, et tout le monde semble jouer à tout dans ce monde. Et quant aux lumières scintillantes, ma chère, la nuit tombée, qui scintillent en haut et en bas et devant et derrière et tout autour, et la foule des théâtres et la foule des gens et la foule de toutes sortes, c'est un pur enchantement. Et la seule chose qui m'a irrité, c'est que, que vous payiez votre billet au chemin de fer, que vous changeiez votre argent chez un marchand d'argent ou que vous preniez votre billet au théâtre, la dame ou le monsieur est enfermé dans une cage (je supposons par le gouvernement) derrière les barreaux de fer les plus solides ayant plus une apparence zoologique qu'un pays libre.

Eh bien, pour être sûr, quand j'ai finalement mis mes précieux os au lit ce soir-là, et que mon jeune voyou est venu m'embrasser et m'a demandé "Que penses-tu de ce charmant Paris , Gran ?" Je dis " Jemmy, j'ai l'impression que c'était un magnifique feu d'artifice qui se déclenchait dans ma tête." Et le lendemain, le pays était très frais et rafraîchissant, lorsque nous sommes allés prendre soin de mon héritage, et cela m'a beaucoup reposé et m'a fait beaucoup de bien.

Alors enfin et enfin ma chère nous arrivons à Sens, une jolie petite ville avec une grande cathédrale à deux tours et les tours volant dans et hors des meurtrières et une autre tour au sommet d'une des tours comme une sorte de chaire de pierre. . Dans quelle chaire avec les oiseaux survolant au-dessous de lui, si vous me croyez, j'ai vu un point alors que je me reposais à l'auberge avant le dîner qu'ils m'ont fait signe qu'il s'agissait de Jemmy et qui l'était réellement. J'avais imaginé, alors que j'étais assis sur le balcon de l'hôtel, qu'un ange pourrait s'y allumer et appeler les gens à être bons, mais je ne pensais pas que ce que Jemmy, tout à fait inconnu de lui-même, était un appel de ce haut lieu à quelque chose. un en ville.

auberge la plus agréable, ma chère ! Juste sous les deux tours, avec leurs ombres qui changeaient toute la journée comme une sorte de cadran solaire, et des gens de la campagne entrant et sortant de la cour dans des charrettes et des cabriolets à capuchon et autres, et un marché dehors, devant la cathédrale. , et tout cela est si pittoresque et ressemble à un tableau . Le major et moi étions d'accord sur le fait que, quoi qu'il advienne de mon héritage, c'était l'endroit où séjourner pour nos vacances, et nous avons également convenu que notre cher garçon ferait mieux de ne pas être arrêté dans sa joie cette nuit-là par la vue de l'Anglais s'il était toujours. vivant, mais que nous partirions ensemble et seuls. Car il faut comprendre que le Major ne se sentant pas tout à fait à la hauteur dans son vent de la hauteur à laquelle Jemmy était monté, était revenu vers moi et l'avait laissé avec le Guide.

Ainsi, après le dîner, lorsque Jemmy était parti voir la rivière, le major descendit à la mairie et revint bientôt avec un personnage militaire portant une épée et des éperons et un bicorne et une bandoulière jaune et de longues étiquettes sur lui qui il a dû trouver cela gênant. Et le major dit : « L'Anglais se trouve toujours dans le même état, très chère madame. Ce monsieur nous conduira à son logement. Sur quoi le militaire m'a ôté son bicorne, et j'ai remarqué qu'il s'était rasé le front à l'imitation de Napoléon Bonaparte mais pas comme.

Nous avions l'habitude de sortir par la porte de la cour, de passer les grandes portes de la cathédrale et de descendre une rue étroite où les gens étaient assis à la porte de leurs magasins et où les enfants jouaient. Le personnage militaire passa devant et s'arrêta devant une charcuterie avec une petite statue de cochon assis à la fenêtre et une porte privée d'où regardait un âne.

personnage militaire, il sortit en glissant sur le trottoir pour faire demi-tour, puis s'élança le long du passage jusqu'à une arrière-cour. La voie étant donc dégagée, le major et moi avons été conduits dans l'escalier commun et dans la pièce de devant du deuxième, une pièce nue avec un sol carrelé rouge et les stores extérieurs en treillis tirés pour l'assombrir. Alors que le personnage militaire ouvrait les stores, j'ai vu la tour où j'avais vu Jemmy , qui s'assombrissait à mesure que le soleil se couchait, et je me suis tourné vers le lit près du mur et j'ai vu l'Anglais.

C'était une sorte de fièvre cérébrale qu'il avait eue, et ses cheveux avaient tous disparu, et du linge plié mouillé gisait sur sa tête. Je le regardai très attentivement, étendu là, dévasté, les yeux fermés, et je dis au major :

« *Je* n'ai jamais vu ce visage auparavant.»

Le Major le regarda lui aussi très attentivement et dit : « Je n'ai jamais vu ce visage auparavant ».

Lorsque le Major expliqua nos paroles au militaire, ce monsieur haussa les épaules et montra au Major la carte sur laquelle il était écrit concernant l'Héritage pour moi. Il avait été écrit dans mon lit d'une main faible et tremblante, et je ne connaissais pas plus l'écriture que le visage. Le major non plus.

Bien qu'il gisait seul, le pauvre être était aussi bien soigné qu'on pouvait l'espérer, et il aurait alors été tout à fait inconscient de la présence de quelqu'un à côté de lui. Je fis dire au major que nous ne partions pas pour le moment et que je reviendrais demain veiller un peu au chevet du lit. Mais je lui ai fait ajouter – et j'ai secoué fortement la tête pour la rendre plus forte – « Nous sommes d'accord sur le fait que nous n'avons jamais vu ce visage auparavant. »

Notre garçon a été très surpris lorsque nous lui avons dit qu'il était assis sur le balcon à la lumière des étoiles, et il a parcouru certaines de ces histoires d'anciens locataires, de l'humiliation du major, et a demandé s'il n'était pas possible que ce soit ce locataire ou ce locataire. Ce n'était pas possible et nous nous sommes couchés.

Le matin, juste à l'heure du petit-déjeuner, le personnage militaire vint en tintant et dit que le médecin pensait, d'après les signes qu'il voyait, qu'il pourrait y avoir un rassemblement avant la fin. Alors je dis au major et à Jemmy : « Vous deux, les garçons, allez vous amuser, et je vais prendre mon livre de prières et aller m'asseoir près du lit. Alors j'y suis allé, et je suis resté assis là quelques heures, lisant de temps en temps une prière pour son pauvre âme, et c'était toute la journée quand il a bougé sa main.

Il était si immobile qu'au moment où il bougeait, je m'en rendais compte, j'ôtai mes lunettes, posai mon livre, me levai et le regardai. En bougeant une main, il commença à bouger les deux, et son action fut alors celle d'une personne tâtonnant dans l'obscurité. Longtemps après que ses yeux se soient ouverts, il y avait un film dessus et il cherchait toujours son chemin vers la lumière. Mais peu à peu, sa vue s'éclaircit et ses mains s'arrêtèrent. Il a vu le plafond, il a vu le mur, il m'a vu. A mesure que sa vue s'éclaircit, la mienne s'éclaircit aussi, et quand enfin nous nous regardâmes en face, je reculai et je criai avec passion :

« Ô méchant méchant homme ! Votre péché vous a découvert ! »

Car je l'ai connu, dès l'instant où la vie lui a semblé hors des yeux, être M. Edson, le père de Jemmy qui avait si cruellement abandonné la jeune mère célibataire de Jemmy qui était morte dans mes bras, pauvre tendre créature, et m'avait laissé Jemmy .

«Espèce de cruel et méchant homme! Espèce de mauvais traître noir !

Avec le peu de force dont il disposait, il tenta de se retourner sur son misérable visage pour le cacher. Son bras tomba du lit et sa tête avec, et il resta là devant moi, écrasé de corps et d'esprit. Sûrement le spectacle le plus misérable sous le soleil d'été !

« Ô Ciel béni », dis- je en criant, « apprends-moi quoi dire à ce mortel brisé ! Je suis un pauvre être pécheur, et le Jugement ne m'appartient pas.

Alors que je levais les yeux vers le ciel clair et lumineux, j'ai vu la haute tour où Jemmy s'était tenu au-dessus des oiseaux, voyant cette même fenêtre ; et le dernier regard de cette pauvre et jolie jeune mère, lorsque son âme s'éclaira et se libéra, semblait en briller.

« Ô homme, homme, homme ! Dis-je, et je me suis agenouillé à côté du lit ; « Si votre cœur est déchiré et que vous êtes vraiment pénitent pour ce que vous avez fait, notre Sauveur aura encore pitié de vous ! »

Alors que j'appuyais mon visage contre le lit, sa faible main pouvait juste bouger suffisamment pour me toucher. J'espère que le contact était pénitent. Il a essayé de retenir ma robe et de la maintenir, mais ses doigts étaient trop faibles pour la fermer.

Je le relève sur les oreillers et je lui dis :

"Pouvez-vous m'entendre?"

Il avait l'air oui.

"Est-ce que tu me connais?"

Il avait l'air oui, encore plus clairement.

« Je ne suis pas seul ici. Le major est avec moi. Vous vous souvenez du major
?

Oui. C'est-à-dire qu'il a dit oui, de la même manière que précédemment.

« Et même le major et moi ne sommes pas seuls. Mon petit-fils, son filleul,
est avec nous. Entendez-vous? Mon petit fils."

Les doigts firent une nouvelle tentative pour attraper ma manche, mais ne
purent que s'en approcher et tomber.

« Savez-vous qui est mon petit-fils ?

Oui.

«J'ai eu pitié et j'ai aimé sa mère solitaire. Quand sa mère était mourante, je
lui ai dit : « Ma chérie, ce bébé est envoyé à une vieille femme sans enfant.
Depuis, il est ma fierté et ma joie. Je l'aime aussi tendrement que s'il avait bu
dans mon sein. Demandez-vous à voir mon petit-fils avant de mourir ?

Oui.

« Montre-moi, quand je cesse de parler, si tu comprends bien ce que je dis. Il
n'a pas été informé de l'histoire de sa naissance. Il n'en a aucune
connaissance. Aucun soupçon. Si je l'amène ici à côté de ce lit, il pensera que
vous êtes un parfait étranger. C'est plus que je ne peux faire de lui cacher qu'il
y a tant de mal et de misère dans le monde ; mais qu'il ait toujours été si près
de lui dans son berceau innocent, je l'ai caché, et je le garde, et je le garderai
toujours, pour l'amour de sa mère et pour le sien.

Il me montra qu'il comprenait très bien, et les larmes coulèrent de ses yeux.

"Maintenant, repose-toi et tu le verras."

Alors je lui ai apporté un peu de vin et du cognac, et j'ai mis les choses au
clair concernant son lit. Mais je commençais à craindre que Jemmy et le major
ne tardent trop à revenir. Avec cette occupation de mes pensées et de mes
mains, je n'entendis pas un pas dans l'escalier, et je fus surpris lorsque je vis
le major arrêté net au milieu de la pièce par les yeux de l'homme sur le lit, et
le connaissant. alors, tel que je l'avais connu il y a peu de temps.

Il y avait de la colère sur le visage du major, et il y avait de l'horreur et de la répugnance et je ne sais quoi. Alors je me suis approché de lui et je l'ai conduit au chevet, et quand j'ai joint mes mains et que je les ai levées, le Major a fait de même.

« Ô Seigneur » dis-je « Tu sais ce que nous avons vu ensemble des souffrances et des chagrins de cette jeune créature maintenant avec Toi. Si ce mourant est vraiment pénitent, nous te prions humblement d'avoir pitié de lui !

Le major dit « Amen ! puis après un petit arrêt, je lui murmure : « Cher vieil ami, va chercher notre garçon bien-aimé. Et le major, assez malin pour avoir tout compris sans qu'on lui dise un mot, s'en alla et l'amena.

Jamais jamais je n'oublierai jamais le visage clair et brillant de notre garçon lorsqu'il se tenait au pied du lit, regardant son père inconnu. Et oh, comme sa chère jeune mère alors !

« Jemmy », dis-je, «j'ai tout découvert sur ce pauvre monsieur qui est si malade, et il a logé une fois dans la vieille maison. Et comme il veut voir tout cela lui appartenir, maintenant qu'il est décédé, je vous ai fait appeler.

« Ah, le pauvre ! » dit Jemmy en s'avançant et en touchant une de ses mains avec une grande douceur. « Mon cœur fond pour lui. Pauvre, pauvre homme !

Les yeux qui allaient si tôt se fermer pour toujours se tournèrent vers moi, et je n'étais pas assez fort dans l'orgueil de ma force pour pouvoir leur résister.

"Mon garçon chéri, il y a une raison dans l'histoire secrète de ce compatriote qui ment car le meilleur et le pire d'entre nous doivent tous mentir un jour, ce qui, je pense, soulagerait son esprit dans sa dernière heure si vous posiez votre joue contre lui. son front et dit : « Que Dieu vous pardonne ! »

"Ô grand-mère", dit Jemmy le cœur plein, "je n'en suis pas digne !" Mais il s'est penché et l'a fait. Puis les doigts hésitants se sont efforcés de saisir enfin ma manche, et je crois qu'il essayait de m'embrasser quand il est mort.

* * * * *

Voilà ma chérie ! Voilà l'histoire de mon héritage dans son intégralité, et elle vaut dix fois la peine que j'y ai consacrée, si vous voulez l'aimer.

On pourrait penser que cela nous a opposé à la petite ville française de Sens, mais non, nous ne l'avons pas trouvé. Je me suis rendu compte que je n'avais jamais levé les yeux vers la haute tour au sommet de l'autre tour, mais l'époque revenait où cette jeune créature blonde avec ses jolis cheveux brillants me faisait confiance comme une mère, et ce souvenir rendait l'endroit si paisible pour moi car je ne peux pas l'exprimer. Et tout le monde autour de l'hôtel, jusqu'aux pigeons dans la cour, se lia d'amitié avec Jemmy et le major, et partit avec eux dans toutes sortes d'expéditions dans toutes sortes de véhicules tirés par des chevaux de trait déchaînés , avec têtes et sans têtes. - de la boue pour la peinture et des cordes pour le harnais, - et chaque nouvel ami vêtu de bleu comme un boucher, et chaque nouveau cheval debout sur ses pattes arrière voulant dévorer et consommer tous les autres chevaux, et chaque homme qui avait un fouet pour faire claquer- crack-crack-crack-craquant comme si c'était un écolier avec son premier. Quant au Major, mon cher, cet homme vivait la plus grande partie de son temps avec un petit verre dans une main et une bouteille de petit vin dans l'autre, et chaque fois qu'il voyait quelqu'un d'autre avec un petit verre, peu importe qui c'était,... le personnage militaire avec les tags, ou les domestiques en train de souper dans la cour, ou les citadins qui causent sur un banc, ou les gens de la campagne qui commencent leur maison après le marché, — le major se précipite pour faire tinter son verre contre leurs verres et pleurer. ,—Hé ! Vive quelqu'un ! ou Vive quelque chose ! comme s'il était hors de lui. Et même si je ne pouvais pas tout à fait approuver le fait du Major, les manières du monde sont néanmoins les manières du monde qui varient selon les différentes parties du monde, et dansent du tout sur la place ouverte avec une dame qui tenait un salon de coiffure. mon avis est que le Major a eu raison de danser de son mieux et de commencer avec une puissance que je ne pensais pas qu'elle était en lui, même si j'étais un peu inquiet du son barricadant des cris poussés par les autres danseurs et le reste de l'entreprise, jusqu'à ce que je dise "Qu'est-ce qu'ils appellent Jemmy ?" Jemmy dit : « Ils appellent Gran, Bravo l'anglais militaire ! Bravo les militaires anglais ! ce qui était très gratifiant pour mes sentiments de Britannique et est devenu le nom sous lequel le major était connu.

Mais chaque soir, à heure fixe, nous nous asseyions tous les trois sur le balcon de l'hôtel, au fond de la cour, levant les yeux vers la lumière dorée et rose qui changeait sur les grandes tours, et regardant les ombres des tours comme ils ont tout changé chez nous, y compris, et que pensez-vous que nous avons fait là-bas ? Ma chère, si Jemmy n'avait pas rapporté d'autres histoires sur l'enlèvement du major à partir des récits d'anciens locataires du 81 Norfolk Street, et s'il ne les avait pas fait ressortir avec ce discours :

« Te voilà Grand-mère ! Te voilà parrain ! Il y en a plus ! Je vais lire. Et même si tu les as écrits pour moi, parrain, je sais que tu ne désapprouveras pas que je les confie à grand-mère ; veux-tu?"

"Non, mon cher garçon", dit le major. "Tout ce que nous avons lui appartient et nous sommes à elle."

« À elle, avec affection et dévouement, J. Jackman et J. Jackman Lirriper », crie le Jeune Rogue en me serrant fort dans ses bras. « Très bien, alors, parrain. Regardez ici. Comme Gran est actuellement dans la voie Legacy, je vais intégrer ces histoires à Gran's Legacy. Je vais les lui laisser. Qu'en dis-tu, parrain ?

« Hip hip hourra ! » dit le major.

"Très bien alors", s'écrie Jemmy tout agité. « Vive l'anglais militaire ! Vive la Dame Lirriper ! Vive le Jemmy Jackman Idem ! Vive l'héritage ! Maintenant, fais attention, grand-mère. Et fais attention, parrain. *Je vais* lire ! Et je vais vous dire ce que je ferai d'ailleurs. Lors de la dernière nuit de nos vacances ici, lorsque nous serons tous emballés et que nous partirons, je compléterai avec quelque chose de moi-même.

« Attention, monsieur », dis-je.

CHAPITRE II
MME. LIRRIPER raconte comment JEMMY a été rechargé

Eh bien, ma chère, les lectures du soir de ces notes du major nous ont enfin ramenés au soir où nous étions tous emballés et partions le lendemain, et je vous assure qu'à ce moment-là, même s'il était délicieusement confortable d'attendre avec impatience En me rendant de nouveau dans la chère vieille maison de Norfolk Street, je m'étais formé une assez haute opinion de la nation française et je les avais remarqués comme étant beaucoup plus simples et domestiques dans leurs familles et beaucoup plus simples et aimables dans leur vie que je ne l'avais jamais été. il m'a semblé entre nous qu'ils pourraient être imités avantageusement par une autre nation, dont je ne parlerai pas, et c'est dans le courage avec lequel ils prennent leurs petites jouissances avec peu de moyens et de petites choses et ne laissez pas les grosses perruques solennelles les dévisager ou les rendre ennuyeux, ce qui a dit les grosses perruques solennelles. J'ai toujours eu la seule opinion que j'aurais aimé qu'ils soient tous installés confortablement séparément dans des cuivres avec les couvercles et ne les laissent jamais plus.

"Maintenant, jeune homme", dis- je à Jemmy lorsque nous avons amené nos chaises sur le balcon hier soir, "s'il te plaît, rappelle-toi qui devait 'faire le plein'."

"Très bien Gran", dit Jemmy . "Je suis le personnage illustre."

Mais il avait l'air si sérieux après m'avoir fait cette réponse légère, que le major a haussé les sourcils vers moi et j'ai levé les miens vers le major.

"Grand-mère et parrain", dit Jemmy , "vous pouvez à peine imaginer à quel point j'ai pensé à la mort de M. Edson."

Cela m'a fait un petit chèque. « Ah ! c'était une scène triste mon amour, dis- je , et les souvenirs tristes reviennent plus forts que joyeux. Mais ça, dis- je après un petit silence, pour me réveiller ainsi que le major et Jemmy tous ensemble, ce n'est pas suffisant. Racontez-nous votre histoire, ma chère.

"Je le ferai", dit Jemmy .

"Quelle est la date, monsieur?" dis je. « Il était une fois où les cochons buvaient du vin ?

"Non Gran", dit Jemmy , toujours sérieux; «Il était une fois où les Français buvaient du vin.»

encore jeté un coup d'œil au major, et le major m'a regardé.

"En bref, grand-mère et parrain", dit Jemmy en levant les yeux, "le rendez-vous est cette fois-ci, et je vais vous raconter l'histoire de M. Edson."

Le battement dans lequel cela m'a plongé. Le changement de couleur de la part du Major !

« C'est-à-dire que vous comprenez, dit notre garçon aux yeux brillants, je vais vous donner ma version. Je ne vous demanderai pas si c'est vrai ou non, d'abord parce que vous avez dit que vous en saviez très peu, Gran, et ensuite parce que le peu que vous en saviez était un secret.

J'ai croisé mes mains sur mes genoux et je n'ai jamais quitté Jemmy des yeux pendant qu'il continuait à courir.

«Le malheureux gentleman», commence Jemmy , «qui fait l'objet de notre présent récit était le fils de Quelqu'un, il est né quelque part et a choisi une profession d'une manière ou d'une autre. Ce n'est pas de ces aspects de sa carrière que nous devons traiter ; mais avec son attachement précoce pour une jeune et belle dame.

Je pensais que j'aurais dû laisser tomber. Je n'osais pas regarder le major ; mais je sais quel était son état, sans le regarder.

«Le père de notre malheureux héros», dit Jemmy , copiant, me semblait-il, le style de certains de ses livres d'histoires, «était un homme mondain qui entretenait des vues ambitieuses pour son fils unique et qui opposait fermement sa face au envisageait une alliance avec un orphelin vertueux mais sans le sou. En fait, il alla jusqu'à assurer franchement à notre héros que s'il ne se détournait pas de l'objet de son affection dévouée, il le déshériterait. En même temps, il proposa comme partenaire convenable la fille d'un gentilhomme voisin et de bonne fortune, qui n'était ni méchant ni hostile, et dont l'éligibilité au point de vue pécuniaire ne pouvait être contestée. Mais le jeune M. Edson, fidèle au premier et unique amour qui avait enflammé son cœur, rejeta toute considération de progrès personnel et, dépréciant la colère de son père dans une lettre respectueuse, s'enfuit avec elle.

Ma chère, j'avais commencé à prendre une tournure pour le mieux, mais quand il s'agissait de m'enfuir, j'ai commencé à prendre une autre tournure pour le pire.

« Les amants, raconte Jemmy , s'enfuirent à Londres et se retrouvèrent réunis devant l'autel des Danois de Saint Clément. Et c'est à cette époque de leur histoire simple mais touchante que nous les trouvons résidents de la demeure d'une dame très respectée et bien-aimée du nom de Gran, résidant à moins de cent milles de Norfolk Street.

Je sentais que nous étions presque en sécurité maintenant, je sentais que le cher garçon n'avait aucun soupçon de l'amère vérité, et j'ai regardé le major pour la première fois et j'ai inspiré longuement. Le major m'a fait un signe de tête.

"Le père de notre héros", poursuit Jemmy, "se montrant implacable et menaçant d'une exécution implacable, les luttes du jeune couple à Londres furent rudes, et l'auraient été bien davantage sans leur bon ange qui les avait conduits à la demeure de Mme Gran ; qui, devinant leur pauvreté (malgré leurs efforts pour la lui cacher), par mille arts délicats aplanit leur chemin accidenté et atténua l'acuité de leur première détresse.

Ici, Jemmy prit une de mes mains dans une des siennes et commença à marquer les tournants de son histoire en me faisant donner de temps en temps un battement sur son autre main.

« Après un certain temps, ils ont quitté la maison de Mme Gran et ont poursuivi leur fortune à travers une variété de succès et d'échecs ailleurs. Mais dans tous les revers, que ce soit pour le bien ou pour le mal, les paroles de M. Edson à la belle jeune partenaire de sa vie étaient : « L'Amour et la Vérité immuables nous guideront à travers tout ! »

Ma main tremblait dans celle du cher garçon, ces mots étaient terriblement différents de la réalité.

« L'Amour et la Vérité immuables », dit encore une fois Jemmy , comme s'il y éprouvait une sorte de fierté et de noble plaisir, « nous accompagneront à travers tout ! Ce sont ses mots. Et c'est ainsi qu'ils se sont battus, pauvres mais vaillants et heureux, jusqu'à ce que Mme Edson donne naissance à un enfant.

«Une fille», dis- je .

«Non», dit Jemmy , «un fils. Et le père en était si fier qu'il pouvait à peine le supporter hors de ses yeux. Mais un nuage sombre envahit la scène. Mme Edson est tombée malade, s'est effondrée et est décédée.

« Ah ! Malade, tombé et mort ! Je dis .

« Et donc le seul réconfort de M. Edson, le seul espoir sur terre et le seul stimulant à l'action, était son garçon chéri. À mesure que l'enfant grandissait, il ressemblait tellement à sa mère qu'il devenait son image vivante. Il se demandait pourquoi son père pleurait quand il l'embrassait. Mais malheureusement, il ressemblait à sa mère tant par sa constitution que par son visage, et voilà qu'il mourut aussi avant d'avoir grandi. Puis M. Edson, qui avait de bonnes capacités, dans son abandon et son désespoir, les a toutes jetées aux vents. Il est devenu apathique, téméraire, perdu. Petit à petit, il s'est effondré, de plus en plus bas, jusqu'à ce qu'enfin il vive presque (je pense) de jeu. C'est ainsi que la maladie l'a rattrapé dans la ville de Sens en France, et il s'est couché pour mourir. Mais maintenant qu'il l'avait couché quand tout était fait, et qu'il regardait en arrière le passé vert au-delà du temps où il l'avait recouvert de cendres, il pensait avec reconnaissance à la bonne Mme Gran, perdue de vue depuis longtemps, qui avait été si gentille avec lui. lui et sa jeune épouse dans les premiers jours de leur mariage, et il lui a laissé le peu qu'il avait comme dernier héritage. Et elle, étant amenée à le voir, ne le connut d'abord pas plus qu'elle ne saurait, en voyant la ruine d'un temple grec ou romain, ce qu'il était avant sa chute ; mais enfin elle se souvint de lui. Et puis il lui fit part, en larmes, de ses regrets pour la partie mal dépensée de sa vie, et la pria d'y penser avec le plus de douceur possible, car c'était après tout le pauvre ange déchu de son amour et de sa constance immuables. Et parce qu'elle avait son petit-fils avec elle, et qu'il pensait que son propre garçon, s'il avait vécu, aurait pu devenir quelque chose comme lui, il lui a demandé de le laisser toucher son front avec sa joue et dire certains mots d'adieu.

de Jemmy est tombée plus bas quand j'en suis arrivé à cela, et les larmes ont rempli mes yeux, ainsi que ceux du major.

"Espèce de petit Conjurateur" , dis- je , "comment as-tu réussi à tout comprendre ? Entrez et écrivez chaque mot, car c'est une merveille.

Ce que Jemmy a fait, et je vous l'ai répété ma chère à partir de ses écrits.

Alors le major me prit la main, la baisa et dit : « Très chère madame, tout a prospéré avec nous. »

« Ah, Major », dis-je en essuyant mes yeux, « nous n'avions pas besoin d'avoir peur. Nous aurions pu le savoir. La trahison n'est pas naturelle chez une jeunesse rayonnante ; mais la confiance et la pitié, l'amour et la constance, c'est vrai, Dieu merci !